L'ORPHELINE
LÉGUÉE,
COMÉDIE,
EN TROIS ACTES;
EN VERS LIBRES;

Par M. SAURIN, de l'Académie Françoise:

Repréſentée, pour la premiere fois, par les Comédiens François ordinaires du Roi, à Fontainebleau, le 5. Novembre, & à Paris le 6. 1765.

Le Prix eſt de 24 ſols.

A PARIS,
Chez la Veuve DUCHESNE, rue Saint Jacques, au Temple du Goût.

M. DCC. LXV.
Avec Approbation, & Privilege du Roi.

PRÉFACE.

Habent sua fata libelli.

SI j'en crois plusieurs de mes Amis, j'ai eu tort de donner à ma Piece le titre de l'*Orpheline léguée*; ce titre annonce une Comédie d'un tout autre genre que la mienne. On croit que le principal Rôle sera celui de l'*Orpheline*: on s'attend à trouver un grand intérêt qui roule sur elle, le Public s'arrange pour cela, les têtes se montent; & lorsqu'au lieu d'un comique d'intérêt on trouve un comique de caractere, malheur à la Piece. Dans le premier, on veut que les Scenes tiennent necessairement à l'action; dans le second, il suffit qu'elles tiennent au sujet. Le jour sous lequel on se présente au Public n'est donc pas indifférent; & c'est une mal-adresse à l'Auteur de prévenir les Esprits, par un titre qui ne tient pas ce qu'il semble promettre. Ce raisonnement me paroît juste, & je n'y vois d'autre réponse que d'avouer mon tort: la vérité est que j'ai voulu prendre un titre qui ne fût pas ambitieux, & que je n'ai pas senti la conséquence de celui-ci, qu'il seroit à présent inutile de changer.

A ij

Je ne fçais fi j'ai befoin de dire que, dans cette Comédie, je n'ai pas prétendu jetter du ridicule fur les Grands Hommes qu'a produit l'Angleterre : je les admire & je les refpecte ; je n'ai voulu attaquer que cet enthoufiafme aveugle de nos *Anglomanes*, que cette efpece de culte qu'ils rendent aux Auteurs Anglois, peut-être moins pour les exalter, que pour rabaiffer des Compatriotes. *Shakefpear* étoit affurément un Génie du premier ordre ; mais on ne peut nier qu'à côté des beautés les plus fublimes, on ne trouve, dans fes Pieces, de monftrueufes abfurdités : les beautés font à lui, les défauts font à fon fiecle, je le veux ; mais qu'on reconnoiffe au moins que ce font des défauts, & qu'on ne réponde pas ce que M. *Dacier* répondoit fur les défauts d'*Homere* les plus marqués : *Cela n'eft que divin.*

A MA FEMME.

Fa fola voluptas,
Solamenque mali.

MA Femme, qui n'es pas ma Femme ;
On plutôt ma Femme qui l'es,
Reçois l'hommage de ce Drame,
Digne d'un plus heureux fuccès,
Si j'en crois d'illuſtres ſuffrages ;
Mais tu me conſoles de tout :
Et ſi mes trop foibles Ouvrages
Du Public flattent peu le goût,
O moitié de moi-même ! & moitié la plus chere !
Je quitte le pénible emploi,
L'étude ingrate de lui plaire,
Pour ne ſonger qu'à plaire à toi :
Mon cœur te doit un nouvel être,
J'ignorois le bonheur, tu me l'as fait connoître ;
Des fleurs de ton printems tu femes mon déclin,
Et tu rends le foir de ma vie
Mille fois plus digne d'envie,
Que ne fut jamais fon matin.

Nota. L'Auteur a fait ces Vers au fortir de la premiere
Repréfentation : le Public s'eſt montré plus indulge t dans
les ſuivantes.

A iij

ACTEURS.

ÉRASTE,   M. Préville.

SOPHIE, *parente d'Erafte,* Mlle. D'Oligny.

BÉLISE, *Sœur d'Erafte,* Mde. Préville.

LISIMON, *ami d'Erafte,* M. Brifard.

DAMIS, *Neveu de Lifimon,*
     fous le nom de Blacmore,   M. Molé.

FINETTE, *Suivante,* Mlle. Luzi.

L'OLIVE, *Valet d'Erafte,* M. Auger.

La Scene eft dans un Sallon de la Maifon de Campagne d'Érafte.

L'ORPHELINE,
COMÉDIE.

ACTE PREMIER.

SCENE PREMIERE.

DAMIS, *en habit à l'Angloise avec une petite perruque ronde.* FINETTE, *avec un petit chapeau à l'Angloise.*

FINETTE, *avec surprise.*

C'Est vous, Monsieur Damis ?

DAMIS.

   Chut ! Blacmore est mon nom :
De plus, Anglois ; souviens-t-en.

FINETTE.

     Bon :
De ce déguisement, que fau:-il que j'augure ?

DAMIS.

Tu le fçauras; mais, par quelle aventure
Te rencontré-je en ce logis ?
Lorfque je quittai ce Pays,
Pour faire un tour en Angleterre,
Chez la Marquife d'Enneterre
Tu fervois.

FINETTE.

Il eft vrai; mais, avec de gros biens,
Prodigue par caprice, avare par nature,
Elle eft impérieufe & dure,
Ne hait que fon Époux, & n'aime que fes chiens :
Que fans ceffe, pour eux, il fût maltraité; paffe,
C'eft un Mari; mais moi! j'en devins bientôt laffe,
Un beau jour je quittai Madame & fes Gredins.
Enfin, je fers ici.

DAMIS.

Tant mieux : pour mes deffeins
Je t'y trouve à propos; j'efpere que Finette
N'aura pas oublié que je fuis libéral.

FINETTE.

Ma mémoire, Monfieur, n'eft pas toujours bien nette;
C'eft-là, je l'avouerai, mon défaut capital.

DAMIS, *lui préfentant une bague.*

Voici, pour t'en guérir, une fûre recette.

FINETTE, *avec une r vérence.*

On ne refufe point le remede à fon mal.
Çà, pour bien m'acquitter, parlez : que faut-il faire?

DAMIS.

Me mettre au fait d'Erafte & de fon caractere,
Je n'en fuis inftruit qu'à demi.

FINETTE.

Lifimon, cependant, eſt ſon meilleur ami ;
C'eſt votre Oncle.

DAMIS.

S'il faut qu'Eraſte lui reſſemble,
C'eſt un Philoſophe parfait ;
Mais lorſque l'amitié les a liés enſemble,
J'étois abſent.

EINETTE.

Votre Oncle eſt un Sage, en effet ;
(S'il eſt pourtant permis à quelque homme de l'être :)
Eraſte l'eſt bien moins qu'il ne le veut paroître ;
Lifimon a ſur lui le plus fort aſcendant,
Et l'a déja ſauvé de plus d'une mépriſe ;
Il condamne, ſur-tout, & ſans ménagement,
La ſingularité dont ſon ame eſt épriſe.

DAMIS.

Apprends-moi donc . . . . .

FINETTE.

Voyez d'abord le beau côté :
Eraſte a le cœur noble & plein d'humanité ;
Nous l'aimons tous tant que nous ſommes,
Car, malgré l'inégalité,
Ses Valets ſont pour lui des hommes.
Une choſe, ſur-tout, l'honore infiniment.

DAMIS.

Eh ! quelle eſt cette choſe ?

FINETTE.

Un trait rare.

DAMIS.

Comment ?

A iv

FINETTE.

Sophie.... (*Elle s'arrête en regardant Damis.*)

DAMIS, *vivement.*

Eh bien ! acheve donc. Sophie...;

FINETTE.

Oh ! oh' quel feu ! Je gagerois ma vie...;

DAMIS.

Ne gage point, & finis promptement.
Tu difois donc que Sophie.

FINETTE.

Un moment :
Je difois que Sophie eut pour Pere Pirante ;
Que par le fang & l'amitié,
Il fut, avec Erafte, étroitement lié ;
Que d'une fortune brillante,
Dépouillé par un coup du fort,
La douleur lui donna la mort :
Sophie étoit lors en bas âge ;
Et fon Pere, pour héritage,
N'avoit à lui laiffer qu'un fonds très-décrié,
L'amitié d'un parent : qui s'y feroit fié ?
Pirante ofa compter fur elle.
Et par un Teftament d'efpece fort nouvelle,
Il fit l'honneur à ce parent,
Non de recommander à fes foins fon Enfant,
Mais de le fubroger en fa place de Pere ;
En un mot, comme un don, impofant ce devoir,
De fa Fille, à nourrir, élever & pourvoir,
Il fit Erafte Légataire.

DAMIS.

Qu'un tel acte est noble & touchant!
Il n'est qu'un cœur véritablement grand,
    Qui soit capable de le faire.

FINETTE.

Eraste en étoit digne. A peine, encor majeur,
Il accepta son legs comme un très-grand honneur,
    Sans pourtant y mettre de faste :
Un Couvent fut l'asyle où des soins assidus
    Ont formé Sophie aux vertus :
Elle comptoit seize ans, quand une sœur d'Eraste...

DAMIS.

    Quelle est cette Sœur ?

FINETTE.

            Entre nous,
C'est un composé rare, & qui par fois allie
Un bon sens étonnant à beaucoup de folie.
Veuve, graces au Ciel! de son troisieme Epoux,
Elle vint demeurer au logis de son Frere ;
Notre Orpheline alors quitta son Monastere.
    Un an depuis s'est écoulé,
    En sorte que, tout calculé,
    La pauvre Enfant se trouve âgée
    De dix-sept ans, & partagée
    De trésors qui s'en vont croissant
    Chaque jour & s'embellissant.

               A vj

DAMIS.

Ah! Finette, qu'elle est charmante!
Au Couvent où Sophie a d'abord demeuré,
Habite une mienne parente,
Que vient voir quelquefois cet objet adoré....

FINETTE.

C'est donc là que Sophie, offerte à votre vue...

DAMIS.

C'est-là que pour jamais j'ai fait vœu de l'aimer.

FINETTE.

Comment s'en empêcher?

DAMIS.

Sa beauté t'est connue.

FINETTE.

Et je sçais que votre âge est prompt à s'enflâmer.

DAMIS.

Mais n'avoueras-tu pas qu'un charme inexprimable...

FINETTE.

Vous l'aimez, Monsieur? Tout est dit...
Comme sa propre Fille, Eraste la chérit;
Et c'est, à cet égard, un homme incomparable.

DAMIS.

Je le trouve très-respectable.

FINETTE.

Voyez à présent le revers:
Il s'est fait singulier, pour être Philosophe;
C'est la source de cent travers,
Qui, de tout le Public, lui valent l'apostrophe
Du plus grand fou de l'Univers.

Placé dans la Magistrature,
Où l'on vante, à bon droit, son sçavoir, sa droiture ;
Il faut bien qu'à la Ville il en porte l'habit :
Mais, dans cette campagne, où d'ordinaire il vit,
On s'habille, on se coeffe & l'on *toste* à l'Angloise :
(J'estropiai long-temps ce mot encor nouveau.)
A son œil prévenu, sans un petit chapeau,
    Il n'est point de Femme qui plaise.

DAMIS.

Je trouve qu'en effet il te sied assez bien :
Mais je crois qu'à Sophie. . . .

FINETTE.

    Oh ! sans doute. . . Il n'est rien
    Qui d'Eraste obtienne l'estime,
Si, venu d'Angleterre, il n'en porte le sceau.
    Chez ce Peuple tout est sublime ;
Et chez nous, il n'est rien d'utile, ni de beau.

DAMIS.

Que cette Nation libre, noble, éclairée,
    Par Eraste soit admirée,
    Est-ce donc un cas si nouveau ?
    Elle est respectable.

FINETTE.

                  Sans doute :
Mais exclusivement la vouloir estimer !
Tout admirer chez elle ; & chez nous tout blâmer !
Soutenir qu'autre part personne ne voit goute !

DAMIS.

    Il a grand tort, à mon avis ;
Tout Peuple a ses défauts, & tout Peuple a son prix.

Mais à des préjugés, s'il faut que l'on se livre,
Par préférence un Citoyen doit suivre
Ceux qui lui font aimer son Prince & son Pays.

FINETTE.

Fort bien : mais c'est-là sa manie.
Il prétend même que Sophie
Apprenne incessamment l'Anglois.

DAMIS.

Tu vois son Maître.

FINETTE.

Vous?

DAMIS.

Te voilà bien surprise?

FINETTE.

Aux Belles, je le sçais, vous parlez bon François;
Mais sçavez-vous l'Anglois?

DAMIS.

Sottise.
Enseigner ce qu'on ne sçait pas,
Est-ce chose, dis-moi, si rare dans le monde?
Que de gens à Paris bien vêtus, gros & gras,
Dont, sur ce beau secret, la cuisine se fonde!
Des Anglois Eraste fait cas;
Mais pour lui, m'a-t-on dit, leur langue est de l'Arabe
Il n'en sçait pas une syllabe :
Moi, j'en puis écorcher quelques mots au besoin,
Odidou, Miss? Kiss-mi.

FINETTE.

Ce mot a de quoi plaire.

DAMIS, *voulant l'embrasser.*

Il faut te l'expliquer.

FINETTE.

Épargnez-vous ce soin.

DAMIS.

Je suis muni d'une Grammaire.
Londres, fut un tems, mon séjour ;
Et puis j'aurai pour moi la Fortune & l'Amour.

FINETTE.

L'Amour ! vraiment Eraste en condamne l'usage :
Avec ce regard tendre & ce joli visage,
        (Jugez combien cet homme est fou !)
De sa jeune Pupille il prétend faire un Sage,
        Qui, renonçant au Mariage,
        Dans sa retraite de hibou,
Perde, à Philosopher, le plus beau de son âge ;
Et prenne, au lieu d'amour, de l'ennui tout son soûl.

DAMIS.

Il faut m'aider à rompre un projet si blâmable.

FINETTE.

Mais Sophie, à vos vœux, est-elle favorable ?

DAMIS.

Mon amour n'a point éclaté :
Mes regards seuls ont pû lui déclarer ma flâme ;
Je croirois cependant avoir touché son ame,
Si ses yeux ne m'ont pas flatté.

FINETTE.

De son cœur ils font la peinture.
La naïve Sophie, en sa simplicité,
Est une glace encor pure,
Qui réfléchit la Nature
Dans toute sa vérité.

DAMIS.

Mais j'ai pû me tromper moi-même :
Sophie ignore encor à quel excès je l'aime ;
Et cet amour fait tout mon prix.

FINETTE.

Si modeste à vingt ans ! tandis qu'en cheveux gris,
Il est tant de fats honoraires !
Vous êtes un Phénix ; & l'on ne voit plus guères...
Mais Eraste s'avance... Adieu.
Il est très-important de prévenir Sophie :
Je m'en charge.

DAMIS.

A tes soins mon amour se confie.

SCENE II.

DAMIS, ÉRASTE *vêtu à l'Anglaise.*

ÉRASTE.

PARDONNEZ-MOI, si dans ce lieu
Je me suis un peu fait attendre :
J'étois allé, Monsieur, faire un tour de jardin.

DAMIS.

Par le tems qu'il fait ce matin ?

ÉRASTE.

Oui. Cela paroît vous surprendre ?

DAMIS.

Oh ! point.

ÉRASTE.

Cela pourtant, devroit vous étonner.
Un déluge nouveau semble inonder le Monde :
Mais, par ces tems-là, moi j'aime à me promener ;
Ils tempèrent les feux dont cette tête abonde,
Ma cervelle n'est pas de fer.
Et dans les fougues du génie,
J'ai besoin de prendre la pluie,
Comme un autre de prendre l'air.

DAMIS.

A la bonne heure. En Angleterre
On n'étonne personne en étant ce qu'on est.

ÉRASTE.

Ah! si dans ce pays j'avois un coin de terre!
Mais venons à vous, s'il vous plaît,
Et faites-moi, Monsieur, la grace de me dire
Quel motif, chez moi, vous attire?

DAMIS.

Je pourrois alléguer la curiosité :
La France, dans son sein, n'a point de rareté,
Qui doive, plus que vous, attirer la visite
D'un Étranger curieux de mérite.

ÉRASTE.

On m'accuse, Monsieur, de singularité,
Et vous m'en trouverez, peut-être :
Mais en voyant ce que les hommes font,
Je m'applaudis que le Ciel m'ait fait naître
Si différent de ce qu'ils font.

DAMIS.

Permis à vous, Monsieur, de l'être.
Moi je suis ce Maître d'Anglois,
Dont on vous a parlé sous le nom de Blacmore.

ÉRASTE.

Dorante, hier, m'en entretint encore :
Il me dit qu'à l'accent on vous croiroit François.

DAMIS.

Mes premiers ans se sont passés en France,
Et l'accent, comme on sçait, se forme dans l'enfance.

ÉRASTE.

Vous avez bien le nôtre... à quelque chose près.
Dorante fait de vous un grand éloge; mais

A votre phyſionomie,
Beaucoup plus qu'à lui je m'en fie :
C'eſt ma pierre de touche, à moi ; je m'y connois :
Jamais je ne conſulte qu'elle,
C'eſt le plus ſûr des répondans :
Pris ſur la mîne, un de mes gens,
Un beau jour, il eſt vrai, m'emporta ma vaiſſelle ;
Mais avec ſoin rappellant tous ſes traits,
Je m'apperçus qu'en l'obſervant de près,
J'aurois dû voir, dans ſa vue incertaine,
Je ne ſçais quoi, qu'on démêloit à peine.
On ſe peint dans ſes traits, comme dans un miroir :
Loke l'a dit.

DAMIS.

Je crois...

ÉRASTE.

Par exemple, à vous voir ;
Vous êtes un penſeur.

DAMIS.

Oh ! Monſieur...

ÉRASTE.

Je parie
Que ſur vous le beau ſexe a fort peu de pouvoir ;
Que l'Amour, à vos yeux, n'eſt rien qu'une folie ;
Hem.... Suis-je pénétrant ? Admirez-vous ?

DAMIS.

Jamais
Je n'admire.

ÉRASTE, à part.

Cet homme eſt diablement Anglois.
(Haut.)
Voici ma ſœur Béliſe, & la jeune Sophie.

SCENE III.

SOPHIE, BELISE, DAMIS, ERASTE.

ERASTE.

SOPHIE, approchez-vous, voilà le Précepteur.
De l'embarras ! de la rougeur !

SOPHIE, à part.

Finette, en vain, m'a prevenue ;
Je ne puis...

BELISE, à Sophie.

Pourquoi donc baisser ainsi la vue ?
Ce Maître-là ne fait pas peur,
Et Monsieur est fait de maniere
A trouver plus d'une Écoliere.

ERASTE.

Eh bien ! ma sœur, vous n'en vaudrez que mieux !
Étudiez la langue Angloise,
Il peut fort bien montrer à deux.

BELISE.

Moi ! de l'Anglois ! à Dieu ne plaise !

DAMIS, bas à Sophie.

Si vous me découvrez, vous me donnez la mort.

(Pendant cette Scène on a apporté la table à
thé, sur laquelle Finette a tout arrangé.)

ERASTE à Damis.

A l'Angloise, de bon accord ,

Ici le déjeûner les matins nous raffemble ;
Ma Pupille verfe le thé.
Affeyons-nous.
(*Ils fe placent autour de la table & Sophie verfe
le thé.*)

ERASTE *à Sophie.*

La main vous tremble;

BELISE.

Vous n'avez point votre gaiçté ;

SOPHIE.

Depuis un tems je l'ai perdue.

BELISE.

Comment ?

SOPHIE.

Je ne fais pas comme elle étoit venue ;
Je ne fais pas comment elle a pu me quitter.

DAMIS.

Peut-être qu'en ce lieu ma préfence vous gêne;

SOPHIE.

Oh ! vous n'en pouvez pas douter !

ERASTE.

De ce difcours naïf n'ayez aucune peine ,
Elle n'a vécu qu'avec nous :
Quand elle aura reçu quelques leçons de vous ;
Elle fera plus à fon aife.
Allons , près de Monfieur , avancez votre chaife;
Pourquoi vous tenez-vous fi loin ?

SOPHIE.

Mais , Monfieur , il n'eft pas befoin...;

SCENE IV.

Les Acteurs précédens, L'OLIVE.

L'OLIVE, *donnant une Lettre à Eraste.*

UNE Lettre de Londre.   (*Il sort.*)

ERASTE.
à Damis.

Ouvrons... tenez, mon Maître ;
C'est de l'Anglois, lisez ; ce que j'y puis connoître,
C'est qu'elle est de Cobbam.

DAMIS,
Fort bien.

ERASTE.
Le bon Milord,
Blessé que notre langue étende son empire,
Possède le François & ne veut pas l'écrire.

DAMIS.
Il a tort... Ce Cobbam est votre ami ?

ERASTE.
Très-fort.

DAMIS.
Cette Lettre contient quelque secret peut-être ?

ERASTE.
Non... Un de ses Enfans se devoit marier ;
Sans doute ce billet m'en apprend la nouvelle.

DAMIS.
Je crains...

ERASTE.

C'eſt mon affaire.

DAMIS.

On ne peut le nier ;

Cependant.

ERASTE.

Liſez donc.

DAMIS, *à part.*

Je l'échapperai belle ;

Si je puis.... Eſſayons.

Je vous fais part , mon cher ami , du mariage de ma
Fille.

ERASTE.

Sa fille ! Il n'en a pas.

DAMIS.

N'ai-je pas dit ſon Fils ?

ERASTE.

Non.

DAMIS.

Ma bouche en ce cas

S'eſt mépriſe.

ERASTE.

Eh bien donc ! continuez de grace ;

DAMIS, *faiſant mine de lire.*

Je vous fais part , mon cher ami , du mariage de mon
Fils , qui s'eſt fait à ma grande ſatisfaction.

ERASTE.

Oh ! la choſe à ſes yeux a donc changé de face !
Ce mariage-là n'étoit point de ſon goût.

DAMIS.

Il vous le dit ; tenez, écoutez juſqu'au bout.

Je n'ai pas toujours pensé de même, vous saurez les raisons qui m'ont fait changer de sentiment ; je ne vous écris qu'un mot, mais je vous dirai les détails à Paris, où je compte vous embrasser dans peu.

ERASTE.

Il n'est donc plus si fort tourmenté de sa goutte ?
Bien agréablement je me trouve surpris,
Je l'ai cru hors d'état d'entreprendre une route.

DAMIS.

La satisfaction... ce mariage... un Fils...
En ces occasions... la Nature sans doute...;

ERASTE.

Je serai bien charmé de le voir à Paris.
　　Ce n'est pas un esprit frivole
　　Que celui-là.... Sur ma parole
　　Peu de gens seront de son goût.
　　Avons-nous des hommes en France ?
　　Des colifichets, & c'est tout :
Les Précepteurs du Monde à Londre ont pris naissance
　　Aussi je meurs d'impatience,
　　De pouvoir, libre enfin de toute fonction,
　　Y voyager : de par Newton,
　Je le verrai ce pays où l'on pense.

DAMIS.

　　Monsieur, on pense en tout pays :
Je ne sais si le mien l'emporte sur un autre,
　　Mais voyez le, & je vous prédis,
Que vous en reviendrez meilleur Juge du vôtre.

SCENE

SCÈNE V.

Les Acteurs précédens , L'OLIVE.

ERASTE.

QU E veut l'Olive encor ?

L'OLIVE.

Monsieur ;
C'est que dans ce moment un cheval vous arrive,
Qui pour un Philosophe a l'allure bien vive,
On dit qu'il est Anglois.

ERASTE.

Voyons ; c'est un coureur
Que j'ai fait venir d'Angleterre ;
Monsieur Blacmore , allons ; Sophie , & vous, ma Sœur ;
Ne venez-vous pas ?

BELISE.

Non : car, à ne vous rien taire,
Mon frere , de ce païs-là
Tout me déplaît , charbon de terre,
Philosophes , chevaux.

DAMIS.

Autre excès que cela ;
Madame.

BELISE.

Quant à vous , Monsieur Blacmore, passe ;
Vous êtes Anglois : mais on peut vous faire grace.

B

SCENE VI.

BELISE, FINETTE.

BELISE.

SAI s-tu bien qu'il est fait au tour,
Finette? dans son air cet Anglois est unique.

FINETTE.

Si bien que, dans ces lieux s'il fixe son séjour,
Voilà, pour vos vapeurs, un fort bon spécifique ?

BELISE.

Oh ! Finette, déja j'en avois un tout prêt.

FINETTE.

Un tout prêt? mais, vraiment, je vous en loue, & c'est.;

BELISE.

Un mari ... Qui t'étonne ? Est-ce donc qu'à mon âge
On ne peut pas encor songer au mariage ?
Ne puis-je décemment brûler d'un chaste feu ?

FINETTE,

Déja veuve trois fois, vous marier encore !

BELISE.

L'ennui se respire en ce lieu,
Et son triste poison lentement me dévore;

FINETTE.

Oh ! vous languirez moins en prenant un époux. . .
Et ce mortel chéri de vous
Est jeune ?

BELISE.

De mon choix tu loueras la sagesse :
Il n'a pas le bon air de tous nos jeunes gens ,
Qui se livrant à la mollesse ,
N'ont déja plus , avant trente ans ,
Que les travers de la Jeunesse :
Il n'est point vieux dans son printems ;
Surtout il n'est point Philosophe :
Son esprit est de mince étoffe ,
Il en faut convenir ; mais tant mieux : en un mot ;
Je ne l'ai pas choisi pour faire une épigramme.
Quand un époux aime sa femme ,
Et l'aime bien , ce n'est jamais un sot.

FINETTE.

On ne peut mieux penser, Madame ;
Ni plus sagement se pourvoir :
Mais mon esprit a beau se mettre en quête ;
Je cherche en vain, & ne puis concevoir
Où vous avez pû faire une telle conquête.
Je ne connois personne ici
Qui ressemble au portrait.

BELISE.

Aussi,

B ij

Eſt-ce en Sologne que nous vîmes,
Mon frere & moi, l'original,
Au voyage que nous y fîmes:
Sans vanité l'on n'eſt pas mal,
On eſt encor faite pour plaire.
Cet homme avoit du goût : bref, avant mon retour,
Nous convînmes de tout à l'inſçu de mon frere,
Et mon Amant, peut-être, arrive dans ce jour.
Tu vois qu'il eſt bien tems que mon ſecret éclate,
Qu'à mon frere j'en faſſe part.

FINETTE.

Vous avez attendu...

BELISE.

Je t'entends, un peu tard ;
Mais c'eſt un eſprit dur & qui jamais ne flate ;
Et c'eſt toujours avec regret
Qu'à ces gens-là l'on ſe confie.

FINETTE.

Quand on veut faire une folie,
Eraſte en pourra bien taxer votre projet,

BELISE.

Il faut qu'il file doux... J'ai ſurpris ſon ſecret,

FINETTE.

Quoi donc ?

BELISE.

Notre prétendu Sage.

(Je te croyois de meilleurs yeux.)
Tous ses discours fastidieux
Contre l'Amour.

FINETTE.

Eh bien ?

BELISE.

Vain étalage;
Système de l'esprit démenti par le cœur.
Dans le fond de l'ame il adore...

FINETTE.

Qui ?

BELISE.

Sophie... Elle est son vainqueur ;
Sans qu'à peine il s'en doute encore.

FINETTE.

Vous m'y faites penser: oui... je crois qu'en effet...

BELISE.

Oh ! j'en suis sûre, moi ; Finette, c'est un fait :
Ill'aime.

FINETTE.

En ce cas- là nous aurons de quoi rire;

BELISE.

Viens, saisissons le moment de lui dire
L'engagement que je prétends former.

B iij

FINETTE.

Oh! parbleu, de votre morale,
Venez encor nous affommer,
Monfieur le Philofophe, & nous tailler d'aimer ;
Nous vous renverrons bien la balle.

Fin du premier Acte.

ACTE II.

SCENE PREMIERE.

ERASTE, *seul.*

O U E vont devenir mes projets ?
Que dira Lifimon ? ô Ciel ! quelle est ma honte!
Après mille combats fecrets,
Sophie... un enfant me furmonte !
D'où naît donc fon pouvoir fur moi ?
Elle a mille attraits en partage,...
Eh bien! des yeux, un teint... est-ce donc là de quoi
Renverfer la tête d'un Sage ?
Qu'est-ce que la beauté ? Rien qu'un vain affemblage
De traits & de couleurs... c'est fort bien raifonner,
Sans doute... mais mon cœur fent pourtant le con-
traire.
Je ne puis me le pardonner.
On va me regarder comme un homme ordinaire...
Il faut me vaincre... en vain Sophie a fû me plaire;
Un Sage ne doit point fe laiffer enchainer,
Je n'y veux plus penfer.

SCENE II.

ERASTE, BELISE, FINETTE.

ERASTE.

MA sœur, que fait Sophie ?
Je m'apperçois que, depuis quelque tems,
Elle n'a plus cette aimable folie,
Partage heureux de l'âge en son printems,
Lorsqu'ignorant encore & le monde & les choses,
Dans le champ de la vie on ne voit que des roses :
Finette, qu'en dis-tu ?

FINETTE.

Mais, Monsieur, entre nous ;
Je dis qu'il n'en faut pas chercher bien loin les causes.

ERASTE.

Comment ?

BELISE.

Vous avez fait un projet des plus fous ;
Mais la Nature est plus forte que vous :
Vous ne la rendrez pas muette :
Je me trompe, ou déja Sophie éprouve en soi
Cette agitation secrette
D'une ame qui se sent sourdement inquiette,
Sans bien savoir encor pourquoi.

FINETTE.

Il faudroit à Sophie autre chose qu'un livre :

A son âge, Monsieur, le cœur a ses besoins,
Un Epoux, par ses tendres soins,
Fait sentir qu'il est doux de vivre.

ERASTE.

Oui, mais de l'air dont on vit aujourd'hui,
Un tel épou' est un cas inoui :
On veut perpétuer sa race,
On veut tenir un grand état ;
L'Avarice & l'Orgueil président au contrat :
Mais, bientôt, lit à part, table où l'ennui se place,
Ecarts des deux côtés, souvent fâcheux éclat,
Font voir que le bonheur n'est pas dans l'opulence ;
Qu'en l'irritant sans cesse on éteint le desir,
Et que souvent le Riche a tout en abondance,
Hors l'innocence & le plaisir.

BELISE.

Eh quoi ! toujours, mon frere, ennuyeux moraliste,
Ne voulez-vous rien voir que par le côté triste ?
Dans les Palais du Riche on ne manque de rien,
Et que ce soit, enfin, plaisir ou vaine gloire,
Chacun dit en bâillant qu'il se divertit bien ;
Pourquoi refuser de le croire ?

ERASTE.

J'ai tort, ma sœur.

BELISE.

Assurément.
Mais parlons sérieusement.
Vous devez marier Sophie :
Pourra-t-elle avec vous demeurer décemment,
Quand je n'y serai plus ?

B v

ERASTE.

Comment !
Voulez-vous me quitter ?

BELISE.

Oui ; je me remarie.

ERASTE.

Ma sœur, c'est une raillerie.

BELISE.

Raillerie est fort bon... Oh ! c'est un fait certain.
Demandez à Finette.

ERASTE.

Entre nous, je vous prie,
Vous avez fait mourir trois maris de chagrin,
Et n'êtes pas contente !

FINETTE.

On n'en sauroit rabattre.
Non... nous avons fait vœu d'en expédier quatre.

BELISE.

Je n'aime pas vos libertés,
Finette; laissez-nous, sortez.

Finette sort.

SCENE III.
ERASTE, BELISE.

ERASTE.

A vos dépens, au moins, elle a sujet de rire;
Vous étes folle, il faut le dire;
Et vous allez sur vous attirer les Railleurs.

BELISE.

Je vous dirai, mon frere, en termes plus hônnêtes;
Qu'un Sage, puisqu'enfin pour nos péchés vous l'êtes,
N'est bon qu'à donner des vapeurs,
Que depuis un an je m'en meurs,
Et qu'en un mot, dans mon ménage,
J'aime mieux un mari qu'un Sage.

ERASTE.

Fort bien, ma sœur!

BELISE.

Premierement,
On gronde son mari. C'est un amusement.
L'Amour chez lui ne bat-il que d'une aîle:
Très-à-propos on fait une querelle
Pour amener un raccommodement:
Mais, je vous prie, à quels usages
Mettre ces tristes fous qui, sous le nom de Sages,
Dans la Société n'apportent aujourd'hui
Que de l'orgueil & de l'ennui?

ERASTE.

Ma sœur , je vous rends grace ,

BELISE.

Il n'est pas nécessaire:
Votre manie est qu'on soit vrai ,
Et même aux risques de déplaire :
Moi , complaisante pour mon frere ,
De ma sincérité je lui donne l'essai.

ERASTE.

A merveille... soyez sincère.
Je vous croyois, pourtant , plus d'amitié pour moi.

BELISE.

J'en ai beaucoup... de bonne foi.
Mais d'ennui je suis excèdée,
Que voulez-vous? Tenez , il me vient une idée...

ERASTE.

De rester veuve ?

BELISE.

Oh! non; mais de vous marier.

ERASTE.

Qui ? moi! le trait est singulier !
(A part.)
Connoîtroit-elle ma foiblesse ?

BELISE.

Ecoutez... à Sophie, à vous je m'intéresse;
Epousez-la.

ERASTE.

Vous plaisantez.

BELISE.

Non... Elle a des appas :
(En le regardant d'un air malin.)

ERASTE, *d'un air embarraſſé.*

Son ame a des beautés...

BELISE.

Oh! oui ; deux grands yeux pleins de flâme
Embelliſſent beaucoup une ame...
Mon frere, parlons ſans détour ;
Plus d'un Sage s'eſt pris aux piéges de l'Amour.
Tandis que contre lui vous préveniez Sophie,
Le drôle en tapinois à la Philoſophie :
N'auroit-il pas joué d'un tour ?

ERASTE.

(A part)   (Haut.)

Il eſt trop vrai.... ma ſœur, vous êtes femme,
Vous voyez de l'amour par-tout.

BELISE.

Mon frere, contre lui tel hautement déclame
Dont il pouſſe le cœur à bout....
Allons, avouez l'aventure,
Ne mettez point l'orgueil en jeu.
Faut-il vous donner la torture ?
Pour en arracher cet aveu

ERASTE.

Eh mais !...

BELISE.

Votre fortune eſt très-grande, elle eſt ſûre :
Votre huitième luſtre à peine eſt révolu.

ERASTE.

Il eſt vrai que, ſortant de la Magiſtrature,
Ainſi que je l'ai réſol...

BELISE.

Quant à ce dernier point, il ne sauroit me plaire :
Mais ce projet encor n'est formé qu'à demi,
Et vous m'avez promis expressément, mon frere,
Que vous consulteriez Lisimon votre ami.

ERASTE.

Je l'attends ce jour même & vous tiendrai parole :
Mais de ses sentimens je suis très-assuré.
A l'Amour des beaux arts, à l'étude livré,
Pour l'Hélicon, lui-même a quitté le Pactole ;
  Et Lisimon s'est illustré
  Par un si rare sacrifice,
Qu'en ce siecle avili de luxe & d'avarice,
  On a cependant admiré.

BELISE.

Mon frere.... mais vers nous ma cousine s'avance.

ERASTE.

Elle semble rêver.

BELISE.

   Je la laisse avec vous,
Sondez adroitement son cœur sur un époux,
  Et pénétrez ce qu'elle pense.

SCENE IV.

ERASTE, SOPHIE.

SOPHIE, *rêvant.*

Rien n'eft égal au trouble de mon cœur;
Erafte a bien raifon, le tourment de la vie
C'eft d'aimer ; oui....

ERASTE, *à part.*

Comment, avec quelque pudeur,
Lui chanter la palinodie ?
(*Haut.*)
A quoi rêviez-vous donc, Sophie,
En vous parlant ainfi tout haut ?

SOPHIE.

(*A part.*)
O Ciel ! me ferois-je trahie ?
(*Haut.*)
A rien, Monfieur, ou peu s'en faut.
Je laiffois ma penfée errer à l'aventure.

ERASTE., *à part.*

Que lui dirai-je ? O que l'Amour
Fait faire une fotte figure !
Je veux parler & n'ôfe.

SOPHIE.

A votre tour
Vous parlez à vous-même & détournez la vue.
Vous aurois-je déplu, Monfieur, fans le fçavoir ?

ERASTE.

Vous n'en avez pas le pouvoir :
Mais puisqu'un Sage enfin n'est marbre ni statue
Peut-on vous connoître & vous voir
Sans....

SOPHIE.

Vous n'achevez pas & votre ame est émue ;
Un Philosophe au trouble, aux passions
Est-il donc sujet comme un autre ?
Mais, s'il me souvient bien de vos expressions,
L'ame d'un Sage (& c'est la vôtre,)
Plane loin de la terre & ressemble à ces monts
Dont un Ciel libre & pur environne la tête,
Tandis qu'à leurs pieds la tempête
Obscurcit les tristes vallons.
Voilà plus d'une fois ce que m'ont fait entendre
Vos sublimes comparaisons.

ERASTE.

Je vous marquois le but où le Sage doit tendre :
Mais vous me faite trop sentir
Combien tout homme est loin de pouvoir y prétendre.

SOPHIE.

(A part.)   (Haut, d'un ton timide.)
Il connoit ma foiblesse.... Eraste...

ERASTE, *à part.*

Il faut sortir ;
Je ne puis me résoudre à m'expliquer moi même,
J'aurois trop à rougir,

SOPHIE.

Cet embarras extrême. ...

ERASTE.

Ma sœur vous apprendra, Belle Sophie.... adieu.

SCÈNE V.

SOPHIE.

A La brusque façon dont-il quitte ce lieu ;
Sans doute, dans mon cœur il aura lu que j'aime ;
Que j'ai trahi les soins qu'il prit de me former ;
    Mais aussi vivre sans aimer !
Si c'est là le bonheur, c'est un bonheur bien triste.
N'importe, il faut me vaincre...en vain mon cœur résiste ;
    Eraste est celui que j'en croi ;
    Et sans doute il sait mieux que moi
    En quoi le vrai bonheur consiste.

SCÈNE VI.

SOPHIE, FINETTE, DAMIS *derriere.*

FINETTE.

DAMIS veut avec vous un second entretien.

SOPHIE.

Je l'ai trop entendu.

FINETTE.

         Cependant il insiste,

Et vous cherche.

SOPHIE.

Oh! bien, moi, je n'écoute plus rien.
Annoncez lui que, s'il persiste
A rester en ce lieu contre mes volontés,
J'instruirai mon Cousin de ses témérités ;
Je veux qu'il s'éloigne sur l'heure :
Je deviens sa complice en le souffrant ici.

DAMIS, *se jettant à ses pieds:*

Ah! dites donc que vous voulez qu'il meure,

SOPHIE.

Quoi ! vous me surprenez ainsi !....
Et ne voilà-t-il pas, Damis, qu'à votre vue,
Malgré moi, mon ame est émue,
Et que je ne sais plus déja
Ce que mon propre cœur desire !
(*Vivement.*)
Oh ! levez-vous ; tenez, cette attitude-là
Vous donne sur moi trop d'empire.
Vous me feriez d'Eraste oublier les leçons;

DAMIS.

Voulez-vous préférer ses folles visions
Aux tendres sentimens d'un cœur qui vous adore ?
Eraste est un extravagant.

SOPHIE.

Parlez mieux, s'il vous plaît, d'un homme que j'honore.
Je garde à ses bontés un cœur reconnoissant,
Et sachant à quel point je lui suis redevable,
Vous m'outragez en l'offensant ;
Il m'est cher, il m'est respectable.

DAMIS.

Pardonnez si l'Amour...

SOPHIE.

Contre mon bienfaicteur !
Je ne puis souffrir qu'il éclate :
Il perd tout pouvoir sur mon cœur,
Quand vous voulez me rendre ingrate.

DAMIS.

Ces sentimens vous font honneur,
Sophie; & je me prête à leur délicatesse :
Je ne dirai rien qui la blesse.
Qu'Eraste soit un Sage, il le veut, j'y consens;
Mais que, dans la fleur de vos ans,
Il veuille qu'à l'étude uniquement livrée,
Votre ame interdise l'entr'ée
A l'amour, ce sentiment doux,
Er j'ose dire encor le plus noble de tous;
Lorsque sa flâme est épurée;
C'est une façon de penser
Qu'on peut, je crois, sans l'offenser,
Appeller tout au moins chimérique & cruelle;
(*Vivement.*)
Mais c'est à vous que j'en appelle,
A votre propre cœur, qui, prompt à démentir
D'un système si vain la bifarre imposture,
Vous dit de préférer le bonheur de sentir
A l'orgueil insensé de dompter la nature.

SOPHIE.

Je l'avouerai, Damis, si j'en croyois mon cœur.

DAMIS, *vivement.*

Vous parle-t-il en ma faveur ?
J'ai voulu m'assurer du bonheur de vous plaire ;
  Avant de faire Agir mon oncle Lisimon.
    Votre tuteur le considere ;
    Il est son Oracle, dit-on :
    Si vous ne m'êtes pas contraire....

SOPHIE.

Je voudrois le pouvoir.

DAMIS.

            Vous le voudriez ?

SOPHIE, *le regardant tendrement.*
                Non.

DAMIS.

Pourquoi donc charmante Sophie ?

SOPHIE.

Aux discours des Amans on doit peu s'arrêter ;
Leur langage est flatteur ; il faut qu'on s'en défie :
Eraste me l'a dit,

DAMIS.

                Eh ! peut-on vous flatter ?
Avez-vous un regard, un souris qui ne touche ?
    Sort-il un mot de votre bouche
    Qui n'aille de l'oreille au cœur ?
Le son de votre voix n'est-il pas enchanteur ?
Quelle autre a, comme vous, cette grace naïve,
    Plus rare encor que la beauté,
    Et qui mieux qu'elle nous captive ? ...
    Vous flatter !

SCENE VII.

Les Acteurs précédens , ERASTE au fond du Théâtre

FINETTE, *à Damis.*

PRENEZ garde ; on vient de ce côté ;
Eraste ... il pourroit vous entendre.

DAMIS,

(*Bas.*)   (*Haut, à Sophie.*)
Laisse-moi faire. Eh ! bien , jugez par cet essai
Si nos Auteurs n'ont pas cette expression tendre...;
          (*A Eraste qui s'est avancé.*)
Je lui disois , Monsieur, un beau morceau d'Othouai;
          Mademoiselle s'imagine
          Qu'il n'a rien d'égal à Racine.

ERASTE.

Oh!

SOPHIE.

          Mais exprime-t il un sentiment bien vrai ?
Je crains ...

DAMIS.

          C'est la nature même.
Mon Auteur est sans art , & ne sçait que sentir;

ERASTE.

Avant tout autre, il en est un que j'aime ;
C'est Schakspéar,

DAMIS.

          Nous prononçons *Chespir;*

ERASTE.

Chessir soit : mais, en tout j'admire sa maniere.
J'aime des fossoyeurs qui, dans un cimetiere,
Moralisent gaiement sur des têtes de morts :
Nous n'avons rien chez nous de si philosophique ;
Nos esprits pour cela ne sont pas assez forts...
　　　Othouai, dit-on, est pathétique.
　　Je voudrois bien entendre ce morceau
Que tout-à-l'heure...

DAMIS.

　　Oui... mais.

ERASTE.

　　　　Quoi donc ?

DAMIS.

　　　　　　Seroit-il beau
Qu'un Sage en matiere pareille...
C'est de l'amour... l'amour offense votre oreille.

ERASTE.

C'est de l'amour Anglois... Je sçaurai me prêter.
Voyons.

DAMIS.

　　Il faut vous contenter.

ERASTE.

A quoi rêvez vous donc ?

DAMIS.

　　　　Je cherche à vous bien rendre
Ce que l'Auteur fait dire à l'Amant le plus tendre.

　　Abjurez une triste erreur :
　　Le Ciel à l'humaine nature
　　Donna la beauté pour parure,
　　Et l'Amour pour consolateur.

Dans le calice de la vie,
C'eſt une goutte d'ambroiſie
Qu'y verſa la bonté des Dieux.
On vous a peint l'Amour de crayons odieux :
Voyez-le tel qu'il eſt ; il s'eſt peint dans mes yeux :
Ils vous diſent : je vous adore ;
Mon cœur vous le dit encor mieux...

ERASTE.

Sçavez-vous bien, Monſieur Blacmore,
Que vous ſeriez Comédien parfait.
Ma foi, ſi je n'étois au fait,
Je croirois voir en vous un Amant véritable.

DAMIS.

Et le morceau ?

ERASTE.

Charmant, grace à nos traducteurs;
Je connois un peu vos Auteurs ;
Les nôtres n'ont plus rien qui me ſoit ſupportable,
Avons-nous un Poëte à Pope comparable ?
Depuis qu'il a prouvé qu'ici-bas tout eſt bien,
Je verrois tout aller au diable
Que je croirois qu'il n'en eſt rien :
Tout en ſortant de ſa lecture,
J'eus la goutte : mon corps étoit à la torture.

FINETTE.

Eh ! mais, Monſieur, je m'en ſouvien ;
Vous pouſſiez de grands cris.

ERASTE.

Je criois ... *Tout eſt bien*.

FINETTE.

Par ma foi, vous faiſiez une laide figure.

ERASTE, *à Sophie.*

Sentez-vous bien votre bonheur ?
Inceſſamment vous pourrez lire
En original cet Auteur.
  Oh ! çà, Monſieur, daignez me dire ;
Lui trouvez-vous des diſpoſitions ?
Sera-t-elle bientôt habile ?

DAMIS.

Il le faut eſperer, pourvû qu'à mes leçons
Mademoiſelle ſoit docile.

ERASTE.

Comptez là-deſſus, j'en réponds...
Comment ! vous nous quittez, Sophie !

SOPHIE.

Oui, je vais au jardin.

FINETTE.

          Nous avons à rêver ;
Ce qu'enſeigne Monſieur, il faut qu'on l'étudie.

ERASTE.

Fort bien : dans votre eſprit tâchez de le graver.
Mon cher Blacmore, allez, faites-leur compagnie :
Tout en ſe promenant elle prendra leçon,
  (*A Sophie.*)
Ne le voulez-vous pas ?

FINETTE.

          Oui, Monſieur a raiſon ;
Ce qu'on apprend ainſi, s'apprend toujours ſans peine.

ERASTE, *à Damis.*

Si cependant cela vous gêne...
Vous pourriez aimer mieux cauſer avec moi.

DAMIS.

                    Non.
Franchement je préfere à tout mes Écolieres.

SCENE

SCENE VIII.

ERASTE, *seul*.

CE Maître me plaît fort : j'admire ses lumieres ;
    Qu'à son âge on trouve un François
Également versé dans toutes les matieres !
Ma pupille avec lui fera de grands progrès ;
    Je ne doute pas qu'un tel Maître
Ne la mette en état bientôt de s'en passer :
Sophie est dans cet âge où l'ardeur de connoître
Saisit tout sans effort , & peut tout embrasser ;
Mais quoi ! toujours Sophie occupe ma cervelle !
    Je ne saurois m'en empêcher,
    Et la Sagesse a beau prêcher,
L'Amour me parle plus haut qu'elle.
Sophie ... épousons-la , prenons une moitié...
    Newton ne s'est pas marié...
    Mais voici ma sœur qui s'avance ;
Sachons...

C

SCENE IX.

ERASTE, BELISE.

ERASTE.

EH ! bien , votre amitié,
Ma sœur , a fait pour moi des merveilles , sans doute;
BELISE , une lettre d la main , & très affligée.
Un autre soin m'occupe... Atteint d'un mal pressant ;
L'époux que j'attendois est resté sur la route ;
Je viens d'en recevoir la nouvelle à l'instant ;
Vous me voyez en proie aux plus vives allarmes.

ERASTE.

Faut-il s'inquiéter si fort,
Ma sœur , & répandre des larmes ?
Contre les accidens du sort,
La Philosophie a des armes :
Qui n'a rien à se reprocher
Doit être comme le rocher
Contre lequel la vague en écumant se brise.

BELISE.

Vous m'impatientez avec ces grands propos,
Je voudrois vous voir dans la crise.

ERASTE.

Ma sœur, la patience...

BELISE.

Est la vertu des sots;

ERASTE.

Si vous permettez qu'on infifte..;

BELISE.

Dieu m'en garde. Il ne fut jamais
Ni de raifonneur plus mauvais,
Ni de confolateur plus trifte.

SCENE X.

BELISE, ERASTE, L'OLIVE.

L'OLIVE, *d'un ton piteux.*

VOus me voyez, Monfieur, bien affligé.

ERASTE.

De quoi?

L'OLIVE.

Un grand malheur.

BELISE.

Explique toi.

ERASTE.

Que t'eft-il arrivé?

L'OLIVE.

Vous ferez en colere.

ERASTE.

En colere! qui? moi! jamais je ne m'y mets;

L'OLIVE.

Oh! vous vous y mettrez.

ERASTE.

Non: je te le promets.

C ij

L'OLIVE.

Souvenez-vous-en bien.

ERASTE.

Quelle est donc cette affaire ?

Je crains...

L'OLIVE.

Vous fçaurez donc que par votre ordre exprès
J'étois fur un bateau , baignant à la riviere
Le coureur à courte criniere
Qu'on vous a de Londre envoyé.

ERASTE, *d'un ton ému.*

Eh ! bien.

L'OLIVE.

Tandis qu'il nage , & qu'à rien je ne fonge,
Un coup de fufil part, le cheval effrayé
Fait un faut, emporte fa longe ;
Le courant étoit fort.

ERASTE.

Mon cheval eft noyé ?

L'OLIVE , *piteufement.*

Vous avez dit le mot.

ERASTE , *le prenant au collet.*

Ah ! malheureux !

L'OLIVE.

A l'aide ;

Voulez-vous m'étrangler ?

ERASTE.

Oui , coquin ; je le veux.

L'OLIVE.

Si votre cheval eft peureux,
Eft ce ma faute, à moi ?

ERASTE.

La fureur me possede;
Ote-toi de mes yeux.

L'OLIVE.

Bien vîte, & grand merci.

BELISE.

Voilà mon philosophe!

ERASTE.

Un coureur dont la race
Jadis à Newmaket gagna plus d'un pari!...
Je devois assommer le maraud sur la place.

BELISE.

A votre avis, j'avois grand tort,
Mon frere, de verser des larmes.
» La Philosophie a des armes
» Contre les accidens du sort...

ERASTE.

Vous en parlez bien à votre aise,
Ma chere sœur, ne vous déplaise...

BELISE.

De vous & de tous vos pareils
Que voilà bien, mon frere, le langage!
Vous abondez en beaux conseils
Qui ne sont point à votre usage;
Le Sage est, nous dit-on, toujours maître de lui:
En vient-on à l'expérience:
On voit qu'il n'a de patience
Que pour souffrir les maux d'autrui.

ERASTE, après un silence, & avec confusion.

De moi-même, ma sœur, je n'ai pas été maître;

C iij

Je fuis honteux de cet excès :
Pardon... Il faut le reconnaître :
Le Philofophe eft homme.

BELISE.

A la bone heure, mais
Qu'il trouve bon aufîï que la femme foit femme ;
Qu'avec moins de hauteur contre nous il déclame,
J'entends une voiture... Il nous vient quelqu'un.

ERASTE, *écoutant.*

Oui,

J'attends Lifimon aujourd'hui ;
C'eft lui certainement.

BELISE.

Tant mieux : je le refpecte ;
Sa fageffe n'eft point fufpecte ;
Elle n'a rien d'outré ni rien de fanfaron ;
Votre ami n'a le ton ni pédant, ni frivole.

ERASTE.

Eft-ce vous qui parlez, ma fœur ? mais tout de bon
J'admire...

BELISE.

Après cela, dites que je fuis folle.

ERASTE.

Je cours embraffer Lifimon.

Fin du fecond Acte.

ACTE III.

SCENE PREMIERE.

LISIMON, ERASTE.

ERASTE.

AH! mon cher Lisimon, que dans cet hermitage
Il m'est doux de vous recevoir !
Que j'aurai de plaisir à posséder un Sage !

LISIMON.

Je suis, de mon côté, charmé de vous y voir ;
Mais que d'un autre nom votre bouche me nomme :
Ce titre est trop peu fait pour l'homme ;
Le moins sage est celui qui croit l'être le plus.

ERASTE.

Mais ceux qui savent vous connoître...

LISIMON.

Eraste, brisons là-dessus :
Vous savez qu'un des points entre nous convenus ;
C'est de ne point flatter.

ERASTE.

Eh ! bien donc, mon cher Maître,
Je veux vous faire part d'un parti que je prends.

LISIMON.

Je vous parlerai vrai.

C iv

ERASTE.

　　　　　　　C'eſt à quoi je m'attends ;
Vous êtes Philoſophe, & m'apprîtes à l'être.

LISIMON.

La choſe eſt aujourd'hui plus rare que le mot :
　　　C'eſt un nom que chacun s'arroge,
　　　Auſſi c'étoit jadis éloge ;
C'eſt injure à préſent.

ERASTE.

　　　　　Dans la bouche d'un ſot.

LISIMON.

　　Il eſt vrai ; mais, mon cher Eraſte,
Savez-vous ce que c'eſt qu'un Philoſophe ?

ERASTE.

　　　　　　　　　　Quoi !...

LISIMON.

Vous croyez le ſavoir... Si je vous diſois, moi,
Que vous-même ſouvent en offrez le contraſte.
Le Philoſophe fuit la ſingularité ;
　　　Il n'eſt jamais rien avec faſte ;
Même en le condamnant, il ſuit l'ordre arrêté ;
Et, ſans ſe diſtinguer, vêtu ſuivant l'uſage,
Croit la ſeule vertu, l'uniforme du ſage ;
Il ne mépriſe point la foible Humanité,
Sévere pour lui ſeul, indulgent pour les autres,
Le Philoſophe voit ſes défauts dans les nôtres ;
S'il attaque le vice & s'oppoſe à l'erreur,
Ses leçons aux humains ne ſont point des outrages ;
Simple en ſes actions, modeſte en ſes ouvrages,
Il inſtruit ſans orgueil, & blâme ſans aigreur :
Voyez ſi ce portrait, Eraſte, vous reſſemble.

ERASTE.

Mais fi je puis, Monfieur, dire ce qui m'en femble
Pour fuir l'air prétendu de fingularité,
Faut-il fuivre en aveugle un Vulgaire hébété ?
Doit-on, à votre avis, refpectant les ufages,
Agir comme les foux, penfant comme les fages ?
Eft-ce ma faute, à moi, fi je fuis fingulier ?
Je fuis comme on doit être.

LISIMON.

On ne fauroit nier
Qu'il eft des cas, Erafte, où la Philofophie
Peut & doit s'écarter de la route fuivie ;
Hors ces cas peu communs, où la haute vertu
Lui trace fon chemin, loin du chemin battu ;
Hors les vices qu'il faut qu'en foi chacun réforme,
Aux ufages reçus il faut qu'on fe conforme ;
Et fans affecter rien dans fon extérieur,
Ne différer d'autrui que par être meilleur.

ERASTE.

Eh ! bien, mon digne ami, malgré cette apoftrophe,
Vous conviendrez pourtant que je fuis Philofophe ;
Je vais quitter ma charge.

LISIMON.

Ah ! que dites-vous là ?
Qui peut donc, s'il vous plaît, vous forcer à cela ?

ERASTE.

Je prétends dans ma folitude,
Ami de la fageffe & de la vérité,
En faire mon unique étude.

C r.

LISIMON.

Eraste, ce projet n'est pas bien médité ;
Vous aurez de la peine à trouver des excuses.

ERASTE.

Eh ! quoi ! n'avez vous pas quitté
Le Palais de Plutus pour le Temple des Muses ?
Je comptois, Lisimon, que vous m'approuveriez.

LISIMON.

Le cas est different : j'ai pû fouler aux piés
L'Intérêt, ce vil Dieu qu'aujourd'hui l'on adore ;
Mais vous, qui, Juge integro & sage Magistrat,
Tenez près de Thémis un rang qui vous honore,
Votre premier devoir est de servir l'État.

ERASTE.

Éclairer son pays, c'est le servir.

LISIMON.

Sans doute ;
Mais peu de gens sont faits pour suivre cette route :
Souvent pour du génie on prend sa vanité,
Et quand il n'est pas sûr qu'on soit de cette étoffe,
Quitter un poste utile à la Société,
C'est être déserteur & non pas Philosophe.

ERASTE.

Mais,..

LISIMON.

Quitter votre charge ! ah ! c'est un dernier trait
Contre lequel il faut qu'ouvertement j'éclate.
Qu'un autre applaudisse & vous flatte ;
Mais moi je vous le dis tout net,
Renoncez à votre projet ;

Ou je romps dès ce jour avec vous tout commerce :
A la Philosophie on impute vos torts.

ERASTE.

Est-ce ma faute à moi, s'il n'est point de butords
Dont la plume aujourd'hui contre elle ne s'exerce ?

LISIMON.

Oui, c'est par vos pareils, par vous, je le maintiens,
Que la Philosophie est en bute aux outrages.
    Semblables aux Européens,
Qui fournissent contre eux de la poudre aux Sauvages,
    Vous donnez des armes aux sots :
    De vos travers ils se prévalent,
    Avec emphase ils les étalent,
Et pensent tout au moins devenir les égaux
Des hommes éminens que sans cesse ils ravalent.

ERASTE.

Ne fut-il pas toujours des sots & des méchans,
    Ennemis nés de la Philosophie ?
Et leurs traits n'ont-ils pas poursuivi de tout tems
Le talent qu'on admire & qui les humilie ?

LISIMON.

C'est quelquefois sa faute.

ERASTE.

      Eh ! comment, s'il vous plaît ?

LISIMON.

Je dis la chose comme elle est :

» Ce jardin si fameux dont un dragon horrible
    » Gardoit, dit-on, les pommes d'or ;
» C'est la Gloire ; & l'Envie est le monstre terrible

» Qui veille au pied de ce tréfor.
» Pour rendre fa rage affoupie,
» Il n'eft qu'un feul fecret encor:
» Gens à talens, fcachez que c'eft la modeftie. *

(*Avec chaleur à Erafte.*)

Si d'être célebré vous avez la manie,
    Qu'avez-vous befoin de travers ?
    Les moyens vous en font ouverts :
Occupez-vous des loix dont vous êtes l'organe ;
Combattez, détruifez, l'hydre de la chicane ;
Veillez pour l'Orphelin, fecourez l'Innocent ;
Rendez, fur-tout au foible, une prompte juftice ;
Qu'aux yeux de la beauté, qu'à la voix du puiffant
La balance jamais dans vos mains ne fléchiffe ;
    Aux devoirs d'un fi noble emploi
Immolez vos plaifirs, immolez-vous vous-même :
Sçachez qu'on ne s'éleve à la gloire fuprême
    Qu'autant qu'on ne vit pas pour foi.
Vous pafferez encor pour fingulier, peut-être :
    Mais, mon cher ami, croyez-moi,
    C'eft ainfi qu'il eft beau de l'être.

E R A S T E, *ému.*

Vous m'échauffez, je fens que vous avez raifon ;
Je crois votre confeil & garderai ma place.

L I S I M O N.

    Ah! venez que je vous embraffe.
Si je vous ai parlé trop vivement, pardon.
Je fçais tout ce qu'en vous le Ciel a mis de bon ;
Par exemple, vos foins pour la jeune Sophie

---

* Les vers guillemettés ne fe difent point dans la repréfentation.

Honorent la Philofohie.
Quels font fur elle vos deffeins?
Vous rougiffez.

ERASTE.

Comment vous avouer que j'aime!
Votre fageffe, que je crains,
Ne me paffera pas cette foibleffe extrême.
Vous condamnez l'amour.

LISIMON.

Ceffez de vous troubler;
La Philofophie eft moins dure,
Et fe propofe de régler,
Non de détruire la nature.

ERASTE.

Mais me marier, moi!

LISIMON.

Eh! qui donc, s'il vous plaît,
Sera bon Citoyen, bon Époux & bon Pere,
Si le Philofophe ne l'eft?
Son exemple eft, fur-tout, aujourd'hui néceffaire.
Erafte vous deviez à Sophie un Epoux;
J'approuve fort que ce foit vous:
Et cela m'impofe filence....

ERASTE.

Sur quoi?

LISIMON.

J'avois deffein de vous la demander
Pour mon neveu, jeune homme d'efpérance

Qui doit un jour à mes bien fuccéder.

            E R A S T E.

J'euſſe aimé fort une telle alliance.

              L I S I M O N.

N'y ſongeons plus

            E R A S T E.

                    Ce mariage-là

Fera du bruit : on en raiſonnera‾

De plus d'une façon, je penſe.

              L I S I M O N.

Mais, non, rien n'eſt plus ſimple.

            E R A S T E.

                      Oh ! point, tous nos amis,

Milord Cobbam, ſur-tout, en ſera bien ſurpris.

              L I S I M O N.

Je viens d'avoir de ſes nouvelles.

            E R A S T E.

Je viens d'en recevoir auſſi.

              L I S I M O N.

Je le plains fort, ſon fils lui vient d'être ravi :

Il m'écrit qu'il en eſt dans des peines cruelles.

            E R A S T E, *ſurpris.*

De qui parlez-vous ?

              L I S I M O N.

                    De milord.

            E R A S T E.

De Milord Cobbam ?

              L I S I M O N.

                Oui.

ERASTE.

Vous me furprenez fort.
Son fils vient d'époufer cette riche héritiere....

LISIMON.

Qui vous a fait ce beau rapport?

ERASTE.

Son pere me le mande.

LISIMON.

Il me mande fa mort.

ERASTE.

Parbleu, la chofe eft finguliere.
Ma lettre eft du vingtième.

LISIMON.

Et la mienne eft du vingt.

ERASTE, *lui donnant la lettre.*

Voyez.

LISIMON.

C'eft de Milord l'écriture & le feing.

ERASTE.

Lifez.

LISIMON.

Dans notre langue il faut vous la traduire.
(*Il lit.*)
» Mon cher ami, c'eft le plus malheureux des peres, qui
» vous écrit: j'ai perdu mon fils en deux jours. Sa
» mort....

Eh bien ! ai-je raifon ?

ERASTE.

Je ne fais plus que dire :

Rendez vous bien le fens, Lifimon ?

LISIMON.

Mot à mot.

Qu'avez-vous donc ?

ERASTE.

On va me prendre pour un fot.

Holà quelqu'un , allez ; faites venir Blacmore.

LISIMON.

Quel eft donc ce Blacmore ?

ERASTE.

Un homme, je le voi,

Qui (comme bien des gens dont c'eft-là tout l'emploi)

Fait métier de montrer ce que lui même ignore.

SCENE II.
ERASTE, LISIMON, DAMIS.
ERASTE.

MONSIEUR le Maître Anglois, approchez.
DAMIS.
Je suis pris ;
C'est mon oncle.
ERASTE, à *Lisimon qui éclate de rire.*
Eh ! mais, mais, pourquoi donc tous ces ris ?
LISIMON.
Parbleu, c'est que le tour est drôle ;
Votre Anglois, natif de Paris,
A tout-à-fait l'air de son rôle :
Mais savez-vous qui c'est ?
ERASTE.
Un fripon ?
LISIMON.
Mon neveu.
ERASTE.
Damis ! je suis surpris on ne peut davantage...
LISIMON.
Cette plaisanterie est un peu de son âge.
DAMIS.
Non, Monsieur, pardonnez ; il faut faire un aveu :
L'amour m'a fait ici jouer ce personnage.
Sophie...

LISIMON, *sérieusement.*
Oh ! ceci passe jeu.
DAMIS.
Tous les cœurs lui doivent hommage ;
Le mien de ses vertus charmé . .
(*A son oncle, qui paroît indigné.*)
Vous me condamnerez ; vous n'avez point aimé.
LISIMON.
Oui, Monsieur, très-fort je vous blâme :
Ne tient-il donc qu'à suivre une imprudente flâme ?
L'amour ne sert d'excuse à rien,
De notre caractère il emprunte le sien ;
Dans un cœur vertueux l'amour se plaît à l'être :
Du vôtre, mon neveu, songez à triompher.
DAMIS.
Cet amour est ma vie.
LISIMON.
Il le faut étouffer.
DAMIS.
Vous voulez donc, mon oncle, que j'expire ?
LISIMON.
On ne meurt point, Monsieur, & l'on fait son devoir ;
Mais pour vous ôter tout espoir,
Sachez, puisqu'il faut vous le dire,
Qu'Eraste pour Sophie a fait choix d'un époux.
DAMIS, *à Eraste.*
C'est donc à moi, Monsieur, d'embrasser vos genoux ;
Verrez-vous sans pitié mon désespoir extrême ?
Mais où se cache ce Rival ?
Mérite-t-il. . .

LISIMON.

Damis, n'en dites point de mal ;
Vous étiez à ses pieds.

ERASTE, *qui, pendant le Dialogue de l'oncle & du neveu, a paru rêver profondément.*

Oui, Monsieur, c'est moi-même ;
Et mon amour au vôtre est tout au moins égal.

(*Il va au fond du Théâtre.*)

Que l'on fasse venir Sophie.

LISIMON.

Vous voyez, mon neveu, qu'il n'y faut plus songer.

DAMIS, *vivement.*

Rien, mon oncle ; non, rien ne m'en peut dégager :
Et si je vous suis cher. . .

LISIMON.

Mais, c'est de la folie.

(*A Eraste qui revient.*)

Quel est votre dessein, Eraste, je vous prie ?

ERASTE.

Vous allez entendre & juger.

SCENE III & *dernière.*

ERASTE, LISIMON, DAMIS; SOPHIE, BELISE, FINETTE.

ERASTE.

APPROCHEZ-vous, Sophie, & prêtez-moi si-
lence :
Vous savez, depuis votre enfance,
Tous les soins que j'ai pris de vous ;
Vos vertus font ma récompense :
Mais je ne suis pas quitte, il vous faut un époux...
D'une aimable rougeur votre front se colore :
Sophie, & vous baissez les yeux...

SOPHIE, *avec embarras.*

Monsieur...

ERASTE.

Cet embarras vous embellit encore;

FINETTE.

Rougir au mot d'époux, c'est s'expliquer au mieux;

BELISE.

C'est répondre d'après nature.

ERASTE.

Il faut donc en remplir le vœu...
Des foiblesses d'un cœur qui cachoit sa blessure,
Il faut vous faire aussi l'aveu :
Tandis que, chargeant sa peinture,

Je vous offrois l'Amour fous des traits odieux,
Le traître caché dans vos yeux,
Rioit de mes leçons & gravoit dans mon âme
Votre portrait en traits de flâme.

SOPHIE.

Vous aimez ?.. Mais, Monfieur, ce n'eft donc point un
mal ?

DAMIS, *vivement.*

C'eft un bien qui n'a point d'égal.

SOPHIE, *à Érafte.*

Vous me trompiez !

ERASTE.

Je me trompois moi-même.
Il eft trop vrai que je vous aime',
Et qu'à vous poffèder j'attache mon bonheur :
Mais je n'ai jamais fçu tyrannifer un cœur ;
Et quel que foit, pour vous, l'excès de ma tendreffe ;
Je veux de votre choix que vous foyez maittreffe.
Je vous donne pour dot cinquante mille écus :
Point de compliment là-deffus.
Je vous ai tenu lieu de père,
Et c'eft à moi de vous doter.

SOPHIE, *pénétrée.*

Ah ! comment pourrai-je acquitter ?..

ERASTE.

Je n'ai rien fait pour vous que ce que j'ai dû faire.
Votre pere en mourant me légua votre fort,
J'ai fait honneur au legs: ce n'eft pas grande gloire;
Ce n'eft pas un fublime effort,
Que d'avoir d'un ami refpecté la mémoire :

Je ne me prévaux point de mes foibles bienfaits ;
De la vertu j'adore en vous les traits :
C'est par cet amour seul, que je prétends vous plaire :
Consultez votre cœur pour donner votre foi,
Et choisissez entre Damis & moi.

BELISE.

Mon frere, vous me faites rire,
Damis est jeune, il est charmant.
Vous Philosophe ; c'est tout dire :
Peut-on entre vous deux balancer un moment.

SOPHIE, à part.

Qu'un si beau procédé me confond & me touche !

DAMIS, vivement.

Sophie, avant que de fixer mon sort,
Songez, hélas ! songez que votre bouche
Va prononcer ou ma vie, ou ma mort.
Je ne veux point de la dot qu'on vous donne :
Riche assez de vous posséder,
Je ne veux que votre personne ;
Mais je meurs, s'il faut vous céder.

LISIMON.

Jeune insensé, vous voulez que Sophie
A vos desirs lâchement sacrifie
Ce qu'elle doit...

DAMIS, avec chaleur.

Oui, j'espere... je veux...
Vous ignorez, mon oncle, comme on aime,
Un cœur dont l'amour est extrême,
Ne sait point renoncer à l'objet de ses vœux.

Le véritable amour n'est point si généreux :
Il immole tout hors lui-même.

     (Il se jette aux pieds de Sophie.)

J'attends mon arrêt à vos pieds.

    SOPHIE, *à part:*

O Ciel ! dans quel trouble il me jette !

(à Damis.)

   Je prétends que vous vous leviez ;

Damis, levez-vous, dis-je, ou ma bouche est muette.

    ERASTE, *à part.*

Ils s'aiment, je le vois.

    SOPHIE, *à part.*

     Que vais-je prononcer ?

Eraste, vos bienfaits ont des droits sur mon ame,

  Que rien jamais ne pourra balancer.

  Vous avez beau vouloir y renoncer,

  Et ne laisser parler que votre flâme,

Plus vous les oubliez, & plus je m'en souvien. ::

Mais pourquoi vous montrer sous des dehors austères ?

Pourquoi contre l'Amour ces discours si sévères ?

M'ont-ils dû disposer à ce tendre lien ?

  Et lorsque votre amour éclate,

Pourrai-je ?... oui, je puis tout, plutôt que d'être ingrate ;

Et dût votre bonheur me coûter tout le mien,

  Je suis prête...

    BELISE.

     Quelle folie !

    ERASTE.

Daignez donc achever... vous vous troublez, Sophie ;

SOPHIE, *avec effort.*

Non, Monsieur.

ERASTE.

Eh ! bien donc ?

SOPHIE. (*Elle regarde Damis, soupire*
& présente sa main à Eraste.)

Mon devoir est ma loi.

Voici ma main, Eraste.

DAMIS.

O Ciel !

ERASTE.

Je la reçoi.. :

(*Après une pause.*)

. . . . Mais, Damis, c'est pour vous la rendre.

DAMIS.

Qu'entends-je ?

SOPHIE.

Quoi! Monsieur?

ERASTE.

Je fais ce que je doi..

A vos vrais sentimens je ne puis me méprendre.

Vous avez beau vouloir vous vaincre en ma faveur :

Damis possède votre cœur,

C'est à moi sur le mien d'emporter la victoire.

DAMIS.

Je doute si je veille, & j'ai peine à vous croire.. :

De ce bonheur inattendu,

Mon esprit encor se défie. ..

Parlez donc, charmante Sophie.

SOPHIE.

SOPHIE, *à Eraste.*

Dans le faififfement de mon cœur éperdu,
J'ai peine à trouver des paroles...

ERASTE.

Ce font témoignages frivoles :
Il n'en eft pas befoin, votre cœur m'eft connu.

SOPHIE.

Que je fens bien tout ce qui vous eft dû !

ERASTE.

Je fais votre bonheur, il fera mon falaire ;
J'exige, cependant, une grace de vous.

SOPHIE.

Parlez, Monfieur ; que faut-il faire ?

ERASTE.

En aimant Damis comme époux,
Me chérir toujours comme pere.

SOPHIE.

Ce dernier trait achève & met le comble à tous.
    (*Elle fe jette à fes pieds.*)
        DAMIS, *s'y jettant auffi.*
Nous fommes vos enfans.

BELISE.

        Il faut pourtant le dire ;
Les Philofophes font des fous,
Que, malgré foi, quelquefois l'on admire.
                D

LISIMON, *à Erafte.*

C'est avoir fur vous-même, Erafte, un grand empire :
Ce fublime effort de raifon
Est d'un rare & pénible ufage.
Ne foyez fingulier que de cette façon,
Et le Public en vous refpectera le Sage.

Fin du troifième & dernier Acte.

JE me fuis apperçu dans les repréfentations qu'une Scène fur laquelle j'avois beaucoup compté, ne faifoit point d'effet : c'eft la dernière Scène du fecond Acte, où Erafte, qui vient de prêcher la patience à fa Sœur, entre lui-même en fureur, lorfqu'il apprend que fon cheval eft noyé. J'avoue que je ne compréds pas pourquoi cette Scène n'a pas pris ; il me femble qu'elle eft bien dans la Nature, & que ces quatre Vers :

Le Sage eft, nous dit-on, toujours maître de lui ;
  En vient-on à l'expérience :
  On voit qu'il n'a de patience,
  Que pour fouffrir les maux d'autrui.

expriment affez heureufement une vérité dont on n'a que trop d'exemples. Quelle que foit la caufe du peu d'effet de cette Scène, dès qu'elle n'en fait point, j'ai tort. Je propoferois donc de la retrancher, & de faire dans la Pièce un changement peu confidérable que je vais mettre ici. Je fupprime l'incident du cheval & l'Olive, & au lieu de le faire arriver dans l'Acte premier ; à la fin de la Scène I V, je continue ainfi cette Scène :

  E R A S T E, *fe levant.*

  Çà, venez voir mon Cabinet :
Je fuis grand amateur d'Hiftoire naturelle.

       D ij

Cette science vous plait-elle,
Monsieur Blacmore ?

DAMIS.

Oh ! tout-à-fait.
Dans ses productions j'admire la Nature,
(*Il regarde Sophie.*)
Et c'est chez vous qu'on trouve, à ce que l'on assure,
Ce que sa main jamais forma de plus parfait.

ERASTE.

Oui, mon Cabinet est fort rare :
J'ai des Serpens d'une beauté ! . . .
Cette Collection peut paroître bisarre ;
Mais vous savez qu'ils ont leur singularité.
Allons, venez, Monsieur Blacmore ;
Venez, Sophie.

SOPHIE.

Hier, je les ai vûs encore.

ERASTE.

N'importe ; & vous, ma sœur ?

BELISE.

Oh! moi, je m'en défends;
La Nature, mon frere, est sans doute fort belle ;
Mais je suis la servante à Messieurs vos Serpens.

ERASTE.

Ma sœur n'a point de goût; nous nous passerons d'elle,

J'abrège la Scène suivante entre Bélise &
Finette.

Après ces deux Vers de Finette :

> On ne peut mieux penſer, Madame,
> Ni plus ſagement ſe pourvoir.

Elle ajoûte :

> Mais d'un autre œil Eraſte pourra voir
> La choſe, & je crains qu'il ne blâme...

BELISE.

> Il approuvera mon projet.
> Il faut qu'il ſiſe doûx, j'ai ſurpris ſon ſecret.

ACTE II. SCENE III.

Après ce vers :

> Que vous conſulterez Liſimon, votre ami.

Ajoûtez :

> C'eſt un homme que je reſpecte ;
> Sa ſageſſe n'eſt point ſuſpecte :
> Elle n'a rien d'outré, ni rien de fanfaron ;
> Liſimon n'a le ton ni pédant, ni frivole.

ERASTE.

> Eſt-ce vous qui parlez, ma ſœur ? mais tout de bon,
> J'admire...

BELISE.

> Après cela, dites que je ſuis folle.

ERASTE.

> Je l'attends, ce jour même, &c. *Le reſte comme il eſt.*

SCENE VIII.

'Après ce vers :

Newton ne s'eſt pas marié...

'Ajoûtez :

N'entends-je pas une voiture ?...
C'en eſt une... J'attends Liſimon aujourd'hui.
Je dois le conſulter avant de rien conclure.
Courons le recevoir, & ſachons ſi c'eſt lui.

Et l'Acte finit là.

FIN.

APPROBATION.

J'AI lû, par ordre de Monseigneur le Vice-Chancelier, l'Orpheline léguée, Comédie; & je crois qu'on peut en permettre l'impression. A Paris, ce 20 Novembre 1765. MARIN.

Le Privilège & l'Enregistrement se trouvent au nouveau Recueil du Théâtre François.

www.ingramcontent.com/pod-product-compliance
Lightning Source LLC
LaVergne TN
LVHW020949090426
835512LV00009B/1798